2020, 2021 … Warum?

Zum Autor

Dieter Reinecker ist ehemaliger Gymnasiallehrer für Philosophie und Sport. Nachdem er einige Jahre als Lehrer im Rahmen von Zeitverträgen tätig war, ist er in die freie Wirtschaft gegangen. Er hat als Redakteur, Akquisiteur, Verleger und Lektor gearbeitet, bis er eine Ausbildung als Finanzierungsfachmann machte. Nach Jahrzehnten der Selbständigkeit wurde er schwer nierenkrank und dialysepflichtig. Im Krankenbett begann er zu schreiben, zuerst über seine Krankheit, später über seine Erfahrungen aus der Zeit seiner Wehrpflicht bis hin zu existenzialistischen Romanen.

Dieter Reinecker

2020, 2021 … Warum?

„Wer nicht fragt, bleibt …"

Bibliografische Information der Deutschen National-
bibliothek:
Die Deutsche Nationalbibliothek verzeichnet diese
Publikation in der Deutschen Nationalbibliografie;
detaillierte bibliografische Daten sind im Internet
über http://dnb.dnb.de abrufbar.

Herstellung und Verlag: BoD – Books on Demand,
Norderstedt

ISBN: 978-3-5734-3997-6

Inhalt

Denkanstöße

Es wird Zeiten geben, in denen Menschen leben, die auf unsere Epoche höchst erstaunt zurückblicken werden. Ich bin der festen Überzeugung, dass diese Menschen verständnislos mit dem Kopf schütteln werden. Dabei ist es mir natürlich unmöglich, in die Zukunft zu sehen. Aber ich habe die Vergangenheit vor Augen, eine Vergangenheit, die ich nicht nur aus Schulbüchern und Dokumentarfilmen in schwarzweiß kenne, sondern die ich selbst erlebt habe. Für spätere Generationen von Lesern sei der Hinweis gestattet, dass ich hier und jetzt im Jahre 2021 schreibe. Es sind Zeiten der Medien, denen die meisten Menschen in der ganzen Welt täglich ausgesetzt sind, die sie mit sogenannten Corona-Infos überschütten. Man kann diesen Menschen nicht vorwerfen, dass sie sich nicht umfassend schlau machen, vieles unhinterfragt nachplappern und bei frischer Luft allein im Wald einen sogenannten Mund- und Nasenschutz tragen. Während ich diesen Satz formuliere, geht es mir gar nicht darum, ob nun eine solche Maske vor Corona-Viren schützt oder nicht, mir geht es um etwas ganz Anderes. Regierende Politiker und von eben diesen abhängige Mediziner beherrschen das Meinungsbild der Bevölkerung mithilfe ihrer überdimensionalen Medienpräsenz. Wie die meisten Menschen bin auch ich als Philosoph kein Politiker und erst recht kein Mediziner, um nachweis- und belegbar über die Richtigkeit vorherrschender politischer Entscheidungen oder medizinischer Vorgaben zu befinden. Ich stelle einfach nur Fragen. Ein Frage zum Beispiel lautet:

Warum wird nicht vom ersten Todesfall durch Corona in Deutschland der Verstorbene obduziert (wie in jedem Fernseh-Tatort), um die genaue Todesurasche zu erfahren? Wie ich auf diese einfache Frage komme? Das liegt daran, dass ich - wie viele andere auch - gerne sonntags den Tatort im Fernsehen sehe und darin seit Jahren immer der ermittelnde Kommissar den Pathologen fragt, was die Obduktion ergeben habe. Im berühmten Münster-Tatort arbeitet der Pathologe sogar an jedem Fall mit dem Kommissar zusammen: Kein Tatort ohne Obduktion. Warum wird von oberster Stelle nicht sofort eine Obduktion angeordnet, wenn sogar eine Pandemie vermutet wird? „Mit oder an..." ist keine Antwort. Als aber - und das kommt mir doch sehr merkwürdig vor - eine Person direkt nach einer Impfung gegen das Covid-Virus stirbt, eine Obduktion angeordnet wird, die feststellen soll, dass der Tod nicht durch die Impfung verursacht worden ist. Obwohl diese Informationen und Umstände in den offiziellen Medien offen dargestellt worden ist, scheint sich keiner darüber gewundert zu haben. Warum eigentlich nicht? Und schon sind wir in der Philosophie gelandet. Die Philosophie ringt, wie das Wort Philosophie bereits andeutet (griechisch philos – Freund, sophia – Weisheit/Wahrheit), um den Begriff, um die jeweilige Wahrheit hinter dem Begriff. Die Philosophie ist also in erster Linie nicht um Antworten bemüht, sondern um die richtigen Fragen. Ist ein Umstand einer Frage würdig, ist dieser Umstand fragwürdig. Ich verfolge also mit diesen Abhandlungen nicht, auf alle Umstände Antworten zu geben, sondern einfach nur Fragen zu stellen.

Diese sollte jeder für sich beantworten. Leser sind Menschen und Menschen haben per se die Fähigkeit zu denken und auch den Fragen nachzugehen. Ich persönlich habe mir die Frage gestellt, warum viele Menschen in dieser Pandemie-Krise keine eigene Meinung entwickeln und ich von allen Seiten immer nur - zwar leicht abgewandelt - dieselben Aussagen von vielen Menschen höre. Diese Aussagen hören wir täglich und öfter in den Medien und sie werden wie zu lernende Vokabeln immer und immer wieder wiederholt. Ist die herrschende Meinung tatsächlich nur die Meinung der Herrschenden? Aha, wieder so eine Frage. Warum sind die meisten Menschen so, wie sie sind? Dieser grundsätzlich philosophischen Frage wollte ich nachgehen und kam dabei auf die Idee, dass die Frage an sich einen Menschen dazu bewegen könnte, nach einer Antwort zu suchen. Ich musste mehrfach daran denken, dass auch ich einmal einen Namen oder ein Wort nicht sofort parat hatte, aber Tage später mir dieser Name oder das gesuchte Wort, obwohl ich schon lange nicht mehr daran gedacht hatte, einfiel. In dieser Zeit zwischen der gestellten und offen gebliebenen Frage und der späteren Antwort muss mein Gehirn wohl im Unterbewussten diese Frage unbemerkt weiter verarbeitet haben. Vielleicht ist es Ihnen auch schon einmal so gegangen. Dieser Umstand jedenfalls hat mich dazu bewogen, Fragen in den Raum zu stellen, um andere Menschen mit diesen Fragen zu konfrontieren. Auch wenn diese Menschen nicht unmittelbar eine oder mehrere Antworten parat haben, so wird sich ihr Unterbewusstsein mit den offen gebliebenen Fragen beschäftigen, ja beschäftigen müssen, die Menschen quasi gefangen halten und zum eigenständigen Denken anregen - mit „ohne Zwang". Merkwürdig ist diese verkürzte Zuordnung schon, vielleicht dialektisch, aber auch möglich. Vielleicht ist das der Weg zu einem anderen, vielleicht neuen Bewusstsein. Fragwürdige Umstände gibt es ja genug.

Zusammenhanglosigkeit

Ein weiterer Umstand hat sich in der heutigen Zeit gleichsam unbemerkt in den gängigen Journalismus eingeschlichen. Es ist der Begriff: Zusammenhang oder besser gesagt die „Zusammenhanglosigkeit". Dabei ist das menschliche Gehirn geradezu darauf geeicht, fehlende Elemente eigenständig so zu ergänzen, dass ein Ganzes gesehen und dadurch verstanden werden kann. Es gibt genug Beispiele aus der Werbung, wo gerne mal Vokale ausgelassen oder Buchstaben nur halb sichtbar sind und jeder Betrachter trotzdem sofort weiß, um welchen Begriff oder Firma es sich handelt, weil ein Gehirn unmittelbar alles Fehlende ergänzt und ausfüllt. Ein Beispiel ist die Marke: Mngo.
Unsere aktuellen und sehr beliebten Nachrichten-Portale wie „Tagesschau" oder „heute" kommen mir vor wie zerschnittene Wollknäuel, die keine „Oma" mehr zu einem Pullover verstricken kann. Die zusammenhanglosen direkt aufeinander folgenden Nachrichtenschnipsel verhindern geradezu den Blick auf Zusammenhänge, der aber nötig wäre, um diese isolierten Informationen überhaupt einzuordnen zu

können, um sie zu verstehen. Da werden dramatische Rettungsmaßnahmen bei einer Flussüberschwemmung gezeigt, aber verschwiegen, dass dieser Fluss vor vielen Jahren begradigt worden ist, um neue Bauplätze zu schaffen, die wiederum teuer verkauft worden sind. Diese aber werden weder benannt noch ihre Besitzer in Augenschein genommen. Der Grund der Überschwemmung war natürlich das Wetter, wenn nicht sogar das Klima. Einem skeptischen oder kritischen Zuschauer stellen sich damit zwei Fragen: 1. Was sind die eigentlichen Ursachen der Überschwemmung? 2. Warum wird nicht über die wahren Ursachen der Überschwemmung informiert? Mir geht es hier nicht um eine bestimmte Überschwemmung, sondern um die grundsätzliche Denkhaltung von Zuschauern. Die dramatischen Rettungsaktionen flimmern noch im inneren Auge des Betrachters, während im nächsten Bild neue Informationen zum Beispiel aus Syrien auf den Zuschauer einprasseln. Und so geht es weiter. Viele Informationen werden zusammenhanglos hintereinander geschaltet. Daran schließt sich wieder eine Frage an: Warum macht man das? Der Begriff „Zusammenhang" ist doch wohl gar nicht so harmlos, wie es scheint. Allein die Frage nach dem Zusammenhang erweist sich ja schon als kritisch. Dem Zuschauer werden sehr viele Informationen serviert und dadurch das Gefühl übermittelt, informiert zu sein. Ich vermute, dass bereits die Frage nach einem Zusammenhang für viele zu abstrakt ist. Wenn also zwei scheinbar verschiedene Aspekte miteinander verbunden werden, entsteht bereits ein Zusammenhang. Wenn auf der einen Seite Menschen reicher werden, werden andere ärmer. Wenn das nicht so wäre, müssten die einen dadurch reicher werden, indem sie Geld drucken. Um dieses Beispiel nicht unnötig komplizierter zu machen, lasse ich mal die Frage der Inflation oder den Maßnahmen der EZB unberücksichtigt. Um nun von einem Aspekt zu einem anderen Aspekt eine Verbindung herstellen zu können, ist die Frageform besonders wichtig: Die Frage nach dem „Warum". Interessanterweise eröffnen sich dann dem Fragenden immer mehr Zusammenhänge und vielleicht auch Erklärungen. Warum hatte die Elbe eigentlich Hochwasser? Weil sie begradigt worden war. Warum wurde sie begradigt? Weil die Besitzer der Uferflächen diese verkauft haben. Warum konnten sie diese Flächen verkaufen? Weil sie als Bauland ausgewiesen worden waren. Warum hat man sie als Bauland ausgewiesen, wo man doch wusste, dass es sich um Überflutungsebenen handelte? Derart nachgefragt, könnte man vielleicht auf Skandale stoßen. So nachzufragen, wäre eigentlich die Aufgabe der Journalisten gewesen. Warum taten sie es aber nicht? Zum Schluss könnte man die Frage stellen: Warum werden all diese Zusammenhänge nicht in den Medien dargestellt? Auf jeden Fall zeigen sich durch gezieltes Fragen verdeckte Zusammenhänge.

Abhängigkeit

Es ist das Jahr 2021. Das Wort Zusammenhang gewinnt eine immer wichtigere Rolle auf der Straße der Fragen und damit auch der Erkenntnisse. Um diesen

Zusammenhang zwischen dem Wort Zusammenhang und dem Wort Erkenntnis aufzuzeigen, bedarf es konkreter Beispiele. Eigentlich offenbaren sie Selbstverständliches. Aber das Selbstverständliche scheint nicht mehr die Normalität zu sein. Sauerstoff zu atmen ist für Menschen selbstverständlich, weil sie sonst sehr schnell sterben würden. Machen Sie mal einen Selbstversuch und halten die Luft an. Nun ist aber eine Behinderung des Atmens schon fast eine neue Normalität geworden. Für viele Menschen ist die Behinderung der Sauerstoffzufuhr zur Selbstverständlichkeit geworden. Man erinnere sich nur an den Begriff „Alltagsmaske". Es scheint eine unhinterfragte Normalität zu werden. Es kann durchaus sein, dass diese Maske Menschen vor Viren schützt. Es kann aber auch sein, dass diese Maske Menschen schadet, zum Beispiel durch Rückatmung von CO_2 und gezüchtete Bakterien in der Maske. Auf jeden Fall wird das Tragen der Maske in bestimmten Räumen verordnet. Fragen Sie jemanden konkret, warum er die Maske trägt, bekommen Sie natürlich eine Antwort. Egal, welche Antwort kommt, fragen Sie wieder: „Warum?" Fragen Sie mindestens vier Mal auf jede Antwort mit „Warum". Sie werden erstaunt sein, wie die Reaktionen ausfallen. Ein anderes Beispiel für Zusammenhänge: In Spanien nennt man einen Angestellten „El dependiente", was eigentlich Abhängiger heißt. Das Wort kommt aus dem Lateinischen (dependere) und bedeutet: „Von etwas abhängig sein". In einem bestimmten Zusammenhang bedeutet es sogar: „büßen", zum Beispiel „eine Strafe büßen". Dieser religiöse Zusammenhang wird uns später noch beschäftigen. Ein Angestellter ist also kein Selbständiger, sondern Abhängiger von einem Selbständigen, einem Chef oder Vorgesetzten (auch ein interessantes Wort, das man mal hinterfragen sollte). Ein Angestellter oder Abhängiger handelt also nach den Vorgaben und Anweisungen seines Chefs. Er ist nicht selbst- sondern fremdbestimmt. Nicht von ungefähr sagt der Volksmund: „Wessen Brot ich ess, dessen Lied ich sing." Das heißt nichts anderes als: „Wer bezahlt, bestimmt …" Es gibt also einen direkten „Zusammenhang" zwischen dem Angestellt-Sein und der Handlung eines Angestellten. Dieser Zusammen „hang" ist ein Abhängig-Sein, nicht ein gegenseitiger sondern ein hierarischer „Zusammen"hang. Ein weiteres Beispiel: Auf T-Online finde ich die Überschrift: „Aktuelle Studie - „Querdenker" - Demos trugen zur Virusverbreitung bei". (1) Nun, die sich selbst so nennenden Querdenker haben bisher behauptet, dass durch ihre massenhaften Demonstrationen sich das Corona-Virus nicht verbreitet habe. Jetzt aber gibt es eine Studie, die dieser Behauptung entgegen steht. Es kann und darf jeder zu dieser Bewegung stehen, wie er will, nur ich habe mir die kleine Mühe gemacht und nach der Quelle dieser Studie gesucht und sie auch gefunden: Ganz am Ende des Artikels stand: Zitat: „Pressemitteilung: Mehr Covid-19-Infektionen nach „Querdenken" - Demonstrationen". (2) Mich interessierte nun, wer diesen Artikel geschrieben hat bzw. diese Studie durchgeführt hat. Wieder am Schluss des Artikels fand ich die Herkunft: Zitat: „ZEW - Leibniz-Zentrum für Europäische Wirtschaftsforschung GmbH Mannheim". (3) Dann fragte ich mich: Was ist das ZEW? Das stand auch wieder ganz unten im Text: Zitat: „Das ZEW wurde 1991 gegründet. Es ist Mitglied der Leibniz-Gemeinschaft." ZEW ist also das Kürzel für „Zentrum für Europäische Wirtschaftsforschung", das nur nebenbei bemerkt. In Wikipedia finde ich dann folgendes: Zitat: „Die Finanzierung des ZEW erfolgt zum größten Teil aus Mitteln des Landes Baden-Württemberg sowie seit dem Jahr 2005 aus der Bund-Länder-Finanzierung." (4) Im Impressum der Homepage der Leibniz-Gemeinschaft steht dagegen aber folgendes: Zitat: „Die Leibniz-Institute wiederum sind rechtlich, finanziell und inhaltlich unabhängig." (5) Was ist denn nur richtig? Von der Regierung abhängig oder nicht? Auf jeden Fall erfährt nun der Begriff „Zusammenhang" eine politische Brisanz. Dabei ist es egal, wie man zur Regierung oder auch zu den Querdenkern, man muss tief nachfragen und forschen, um die Zusammenhänge und damit mögliche Abhängigkeiten zu erkennen und zu benennen. „Wer bezahlt- bestimmt!" Man könnte an dieser Stelle einwenden, dass ja auch Universitäten von der Regierung bezahlt würden. Es ist richtig, dass die Universitäten über Steuergelder finanziert werden, nur mit einem kleinen aber wesentlichen Unterschied: Sie sind in ihrer Forschung frei und unabhängig - sollten sie zu mindestens sein. In diesem Zusammenhang ist es notwendig, darauf hin zu weisen, dass das Robert-Koch-Institut eine Bundesbehörde ist (wie zum Beispiel das Finanzamt) aber keiner freien Universität angehört.

Menschenwürde

„Die Würde des Menschen ist unantastbar. Sie zu achten und zu schützen ist Verpflichtung aller staatlichen Gewalt." So lautet der Artikel 1 des Grundgesetzes für die Bundesrepublik Deutschland. Die Würde des Menschen ist also der oberste Wert des Grundgesetzes. Dieser Begriff der Würde wurde auch zum tragenden Fundament der fast globalen Menschenrechte – eine Ausnahme machen nur arabische Monarchien, die die Menschenrechte nicht umfänglich anerkennen. Nach dem italienischen Philosophen Giovanni Pico della Mirandola ist es die „Selbstbestimmung", die die Würde eines Menschen ausmacht. (6) Diese Würde – also die Selbstbestimmung ist das Wesensmerkmal des Menschen. Wer unter diesem Aspekt sich einmal die Mühe macht, alle Artikel des Grundgesetzes durchzulesen, wird feststellen, dass quasi in allen Artikeln die Selbstbestimmung mehr oder weniger durchscheint (Religionsfreiheit, Meinungsfreiheit, Unversehrtheit usw.). Wie ich bereits anfangs darlegte, ist die Frage nach dem „Warum" notwendig und damit verbunden die Suche nach Zusammenhängen von entscheidender Bedeutung bei einer Bewusstseinsbildung. Ich fange einfach mal bei den Jüngsten an, den Kindern. Als ehemaliger Lehrer stehe ich vor einer Klasse mit 34 Schülerinnen und Schülern. Entspricht diese Menge an jungen Menschen in einem Raum dem Artikel 1 unseres Grundgesetzes? Ich stelle also nur einen Zusammenhang zwischen meiner sichtbaren Schulwirklichkeit und dem Grundgesetz her. Wird diese große Schüleranzahl dem Anspruch auf Selbstbestimmung bzw. der Menschenwürde nach unserem Grundgesetz gerecht? Denken Sie über diese Frage nach. Wenn Sie heute keine angemessene Antwort finden, Ihr Unterbewusstsein wird Ihrem Bewusstsein auf die Sprünge helfen. An dieser Stelle erscheint es mir angebracht, an die wichtigen Begriffe zu erinnern: „Warum" und „Zusammenhang". Der letzte Bezugspunkt war die Menschenwürde. Wenn man nun von diesem Bezugspunkt auf andere Umstände der menschlichen Existenz blickt, ergeben sich wiederum aufschlussreiche Zusammenhänge. Mithilfe dieser Betrachtung und der unausweichlichen Frage nach dem „Warum" entwickelt sich aus dem Wissen Bewusstsein. Betrachten wir einmal das Leben von armen Kindern, von denen es in Deutschland leider viel zu viele gibt, und setzen es in Bezug auf den ersten Artikel unseres Grundgesetzes: „Die Würde des Menschen ist unantastbar." Wir stellen also einen Zusammenhang zwischen einem Lebensumstand und einem allgemein anerkannten Rechts-Anspruch her. Diese Betrachtung hat aber noch keine großen Auswirkungen auf unser Bewusstsein. Aber jetzt kommt die entscheidende Frage: Warum leben deutsche Kinder in dieser unwürdigen Situation in Anbetracht unseres Grundgesetzes? Lassen Sie diese Frage einfach im Raum stehen. Beantworten Sie sie nicht. Ihr Gehirn, Ihr Geist, Ihr Gefühl werden Ihnen diese Frage beantworten. Die Würde eines Menschen ist im Wesentlichen (im Wesen des Menschen!) durch seine Selbstbestimmung gekennzeichnet. Menschen, die gegen rechtliche Regeln verstoßen haben, werden in isolierten Zellen manchmal über Jahre weggesperrt. Stellen Sie selbst diesen besonderen Lebensumstand in den Zusammenhang zum Grundgesetz bezüglich der Menschenwürde und Selbstbestimmung her. Es ist davon auszugehen, dass Sie in dieser Frage schnelle Antworten parat haben. Trotzdem wird Sie diese Frage noch sehr lange beschäftigen. Knüpfen wir noch einmal an die übergroße Schulklasse an. Wenn Sie einmal selbst an einem Elternsprechtag teilgenommen haben, werden Sie sich an das merkwürdige Gefühl erinnern, das sie bekamen, als einmal alle Eltern im Klassenzimmer ihres Kindes Platz genommen hatten. Sie haben sich irgendwie unwohl gefühlt. Sie haben sich an ihre eigene Schulzeit erinnert. Viele von Ihnen haben sogar ihre Angst von früher gespürt. Aber eines haben Sie nicht gemacht: Sie haben sich nicht gefragt: Warum habe ich Angst? Wenn Sie zu sich selbst ehrlich waren, spürten Sie den Verlust ihrer Würde, Ihrer Menschenwürde, Ihrer Selbstbestimmung. Hoffentlich nimmt mich der Klassenlehrer jetzt nicht dran. Ach, ich bin ja gar nicht in der Schule, ich bin ja die Mutter / der Vater. Was hat der Lehrer vorne gesagt? Ich habe gerade nicht aufgepasst. Viele Ihrer Nachbarn lächeln verlegen, andere schweigen, andere tuscheln leise, als wenn sie etwas Verbotenes tun würden. Der Lehrer vorne erhebt sich und seine Stimme und plötzlich sind alle Eltern still. Warum haben Sie als Erwachsene immer noch solch eine Angst wie damals? Stellen Sie einen Zusammenhang her zwischen Ihnen, ihrer jetzigen Angst und der Situation ihrer Kinder und deren Recht auf Menschenwürde, auf Selbstbestimmung. Dieser neue Zusammenhang wirft neue Fragen auf. Stellen Sie diese Fragen. Stellen Sie sich diesen Fragen. Ihr Unterbewusstsein macht aus Ihren Fragen ein neues Bewusstsein. Wenn Sie dann wieder Ihre Kinder treffen, werden sehen Sie diese mit anderen Augen sehen. Kinder werden im Rahmen der sogenannten Schulpflicht in eine große Gruppe von anderen Kindern zwangsweise zusammenge-führt. Sie haben nicht selbst bestimmt, mit wem sie lernen und leben wollen. Sie unterliegen extremer Bewertung, oft Abwertung (Noten) und massiver un-natürlicher sozialer Kontrolle. Diese Beschreibungen könnten genauso gut über Strafgefangene gemacht worden sein. Aber Kinder haben nichts verbrochen. Inwieweit Isolationsstrafen bzw. Strafen überhaupt auch für Erwachsene alternativlos sind, lass ich erst einmal so im Raum stehen. Es gehört zum Alltagswis-sen in der Psychologie, dass Menschen unter oder in Angst nicht angemessen lernen können. Wo liegt der Zusammenhang zwischen Schule und Angst? Warum gibt es in der Schule Angst. Warum vermittelt selbst Erwachsenen die Schule an sich immer noch Angst? Wie findet man einen Zusammenhang zwischen Schu-le, Angst und Menschenwürde? Bei der Suche nach Antworten darf man nicht übersehen, dass Kinder nicht in Angst leben wollen. Aber wovor haben Kinder Angst? Es geht, wie gehabt, darum, Zusammenhänge herzustellen und Frage zu stellen.

Miteinander

Ich behaupte: Schülerinnen und Schüler werden in ein Konkurrenz-Verhältnis untereinander gezwungen.

Dazu ein Beispiel: In der Turnhalle spielen jeweils zwei Schüler über ein Netz Badminton und nach Vorgabe des Lehrers: Gegeneinander. Nun verlässt der Lehrer für einige Minuten die Halle. Sofort fangen die ersten Kinder an, Federball zu spielen, versuchen also gemeinsam, den Federball so lange wie möglich sich gegenseitig zuzuspielen, in der Luft zu halten. Aus Kontrolle, Bewertbarkeit und Konkurrenz wurde ein Miteinander. Dieses Phänomen habe ich als Sportlehrer hundertfach beobachten können. Vielleicht erinnern Sie sich noch an die alte gute Zeit auf dem Bolzplatz. Mit Tipp-Topp, also Füßchen vor Füßchen, wurden möglichst gleichstarke Gruppen durch Auswahl gebildet. Stellte sich im Fußballspiel aber nach einigen Minuten trotzdem heraus, dass die eine Mannschaft der anderen auffallend überlegen war, wurde neu gewählt. Die Kinder wollten in erster Linie spielen und natürlich auch gewinnen. Aber das Siegen war nicht entscheidend. Über der Konkurrenz stand das Miteinander. Die Fragen nach einem Zusammenhang werden gleich noch gestellt. Wichtig, interessant und in der Öffentlichkeit kaum bekannt ist die bürgerliche Sportsoziologie, die aus dem vermeintlichen Konkurrenzverhalten spielender Kinder die allzu bekannte Gesellschafts- und Geschäftsstruktur abzuleiten bemüht ist. Das Spielen in festen Konkurrenzregeln wird über die Schule und Sportvereine gefördert und gefestigt. Dieses einseitig geförderte Konkurrenzgeschehen soll nun belegen, dass unsere kapitalistische Geschäfts- und Industriewelt der Natur des Menschen entspricht. In dieser Sportsoziologie wird das Spielen von Kindern in einen Zusammenhang mit unserem Wirtschaftssystem gestellt. Fatal ist nur, dass hier die Sportsoziologie das Spielen der Kinder falsch interpretiert hat. Dieses Phänomen deutet auf die Gefahr hin, bei einer konstruierten Verbindung zwischen verschiedenen Aspekten sehr genau analysiert werden muss, um nicht falsche Ergebnisse aus Zusammenhängen abzuleiten. Das kann weitreichende Folgen haben. Die mögliche Richtigkeit unseres Wirtschaftsystems lässt sich jedenfalls nicht aus der Natur des Menschen an sich logisch oder sonst irgendwie kausal ableiten. Vielmehr liegt bei der Beobachtung von Kindern die Vermutung nahe, dass Menschen lieber miteinander als gegeneinander spielen. Stellt man unter diesem Gesichtspunkt einen Zusammenhang zwischen dem natürlichen Spielen von Kindern und unserem Wirtschaftsystem her, das im Wesentlichen auf Konkurrenz aufgebaut ist, kommt man zu völlig anderen Ergebnissen und ganz neuen Fragen. Lassen Sie Ihr Unterbewusstsein tätig werden. Übrigens das Wort Konkurrenz kommt aus dem Lateinischen und bedeutet so viel wie „gemeinsames Laufen".

Menschheitsfamilie

In diesem Büchlein dreht sich alles um den Begriff „Zusammenhang". Ein Weg zu scheinbar nicht zusammenhängenden Aspekten ist die nun schon bekannte Frage nach dem „Warum". In diesem Zusammenhang - mal wieder - möchte ich auf eine wunderbare Neuschöpfung des Historikers aus der Schweiz Dr. Daniele Ganser zu sprechen kommen. Es handelt sich um den Begriff „Menschheitsfamilie". (7) Warum ist das ein so wichtiger Begriff? Die Antwort ist eigentlich sehr einfach. Indem Ganser die Menge aller Menschen zu einer einzigen Familie zusammenfasst, stellt er einen zwingenden Zusammenhang zwischen allen Menschen und jedem Einzelnen her also zwischen Menschen, die sich nicht persönlich kennen. Es ist ein menschliches Phänomen, dass eben Menschen sich mehr bedrückt fühlen, je näher sie den betroffenen Menschen kennen. Wenn zum Beispiel Ihre Tochter, Ihre Mutter, Ihr Sohn, Ihre Frau, Ihr Ehemann oder Geliebter an Krebs leidet und sich im Endstadium befindet, betrifft Sie dieser Umstand um ein Vielfaches mehr als die Ansage in der Tagesschau, dass an einem Tag fünfundzwanzigtausend Kinder in Afrika an Hunger gestorben sind bzw. täglich sterben. Wenn Sie im Flughafen auf die Landung einer Maschine warten, mit der Ihre Freundin ankommen sollte, aber im Lautsprecher eine Stimme gequält sagt, dass dieses Flugzeug abgestürzt sein muss, da es vom Radarschirm verschwunden ist, sind Sie vielleicht fassungslos oder fangen an zu schreien oder erleiden einen Herzinfarkt. Diese Reaktionen zeigen Sie aber nicht, wenn Sie die tägliche Tagesschau sehen. Wer also Zusammenhänge erkennt, vergrößert seine Erkenntnis und erhöht seine Erkenntnisfähigkeit. Im Zusammenhang mit medialen Nachrichten nennt man diese Fähigkeit „Medienkompetenz". Saudi Arabien überfällt den Jemen, die USA bombardieren Stellungen in Syrien, die Türkei vertreibt tausende von Kurden aus ihren Städten usw. usw. Ich behaupte, dass weder Sie noch sonst jemand, keine Frau, kein Kind, kein Greis bombardiert werden möchte. Stellen Sie sich vor, dass immer bei derartigen Nachrichten Ihr liebster Verwandter mit betroffen ist. Stellen Sie immer die Frage: „Warum". Warum werden Menschen wie du und ich getötet? Fragen Sie nach den Zusammenhängen. Es gibt sie immer, aber sie werden selten oder gar nicht genannt. Kennen Sie die Hauptverantwortlichen für Kriege? Nein? Es sind die Regierungen. Seit es die Geschichte der Menschheit gibt, sind mehr Menschen durch Kriege, die Regierungen veranlasst haben, umgekommen als durch Naturkatastrophen.

Religion

Nun komme ich zu einem Zusammenhang, bei dem sich sehr viele Menschen erheblich schwer tun und vielleicht auch unter Bauchschmerzen leiden werden. Ich sehe nämlich einen Zusammenhang zwischen Angst und Religion. Seit dem Alten Testament und aus ihnen entstandenen Religionen wie das Judentum, das Christentum und den Islam, werden Menschen in Angst versetzt. In den Bibliotheken der Welt stehen unzählige Werke zu dem Thema Angst und Religion. Aus den unsäglich vielen Aspekten greife ich nur einzelne heraus. Kaum jemand weiß, dass jahrhundertelang mittels der Kindtaufe der Satan ausgetrieben werden sollte. Im Vatikan gibt es bis heute noch eine Schulungsabteilung zum Exorzismus.(8) Es beginnt selbst in der evangelischen Kirche die Taufe mit einem „Gebet exorzistischen Charakters" (9) Laut Matthäus 28,19 hat sich Jesus taufen lassen, wurde aber danach in der Wüste noch einmal „vom Satan versucht".(10) Dass mit Satan, ewigen Qualen in der Hölle oder mit sonstigen Strafen in allen monotheistischen Religionen massiv gedroht und Angst geschürt wird, weiß jeder einigermaßen gebildete Mensch aus der eigenen Erziehung. Ich kann nur empfehlen, die Bibel wirklich mal zu lesen, damit Sie verstehen, was ich meine. (11) Mir geht es aber hier um einen Zusammenhang zwischen der Angst, die von den Religionen entfacht und geschürt wird und den Menschen, die dieser Macht unentwegt ausgesetzt sind. Ganz abgesehen von der Schule wird der Mensch permanent von kirchlich-religiösen Symbolen umgeben, ob es die Kirchen in allen Städten mit ihrem Glockengeläut sind, die Kreuze in vielen Gebäuden, die regelmäßigen Gottesdienste und Feiertage, die Kirchensteuer usw. usf. bis in die Alltagssprache wie „Gott sei Dank", „um Gottes Willen", „Gott zum Gruße" und bis hin zu Namen wie Judith, Michael, Johanna, Christian, Maria, Josef, Gabriel usw. und sogar Schlagern wie „Einen Stern, der deinen Namen trägt…..und ich danke Gott dafür, dass er mir dich gegeben hat." Egal wohin wir uns drehen oder wenden, sehen oder hören, überall werden wir mit religiösen Symbolen - die unterbewusst mit Angst verknüpft sind - konfrontiert, wodurch diese tief angelegte natürliche Angstbereitschaft zur allgemeinen Angst mutiert und als solche stabilisiert wird. Über hunderte von Jahren - entlang einer unendlichen Blutspur der katholischen Kirche (12) bis hin zur Brutalität der Sharia - wird die Menschheit in einer Angst gehalten, die kaum als solche mehr wahrgenommen wird, aber immer vorhanden ist und sich im Unterbewusstsein festgehakt hat.

(13) Zu dieser Angst kommen aber weitere hinzu: Angst, die durch Traumata in der Kindheit verursacht worden ist, Angst vor Eltern und Vorgesetzten, Angst vor Versagen in der Schule, also auch vor Lehrern und vieles mehr. Diese gesellschaftlich produzierten Ängste fallen deshalb auf einen fruchtbaren Boden, weil Menschen von Geburt an eine natürliche Angst-Bereitschaft haben, die zur Aufrechterhaltung der Existenz sinnvoll und nötig ist. (14) Diese natürliche Angstbereitschaft wird dann besonders sichtbar und auch individuell spürbar, wenn der Mensch mit Dingen konfrontiert wird, die er nicht kennt oder erkennen kann. Wegen dieser Angstbereitschaft vermeidet er Nachteile oder Verluste. Die Angst vor Verlust ist beim Menschen stärker ausgeprägt als die Aussicht auf Gewinn.(15) Um nun auf mein eigentliches Thema zurückzukommen: Ich sehe nicht nur einen Zusammenhang zwischen der natürlich bedingten Angstbereitschaft und der gesellschaftlich evozierten Angst, sondern es gibt auch Verknüpfung mit Angst vor einem Virus, wodurch sich die Frage erhellt, warum ein einsamer Mensch während eines Spaziergangs im Wald eine Maske trägt. Angst, Schule, Eltern, Religion, Virus, Regierung, alles unausgesprochene Zusammenhänge, die ich nun zusätzlich noch in den Zusammenhang mit dem Artikel 1. des Grundgesetzes bringe: „Die Würde des Menschen ist unantastbar." Die Frage: „Warum" und wie diese Zusammenhänge aussehen, überlasse ich Ihrer Erfahrung und Phantasie.

Behauptung

So langsam nähern wir uns dem tieferen Sinn des Begriffs „Zusammenhang". Ein Zusammenhang an sich sagt noch nicht viel aus, im Grunde erst einmal inhaltlich gar nichts. Betrachten wir einmal die Struktur von Zusammenhängen: So können zum Beispiel verschiedene Aspekte zusammenhängen wie Sonne und Hitze. Aber es können auch verschiedene Aspekte quasi gemeinsam von einem ganz anderen Aspekt abhängen. Bei dieser Art von Zusammenhang können uns leicht bestimmte Fehler unterlaufen. Stellen Sie sich zwei Funkuhren vor, einen Wecker und eine Armbanduhr. Beide zeigen fünfzehn Uhr an. Ihre Zeiger bewegen sich in gleichem Tempo und zeigen immer dieselbe Uhrzeit, sprich Stunde und Minute an. Trotzdem besteht zwischen ihnen kein Zusammenhang. Aber beide sind von der Signalgebung der Zentraluhr in Frankfurt abhängig. Menschen neigen, bei diesen beiden Uhren einen Zusammenhang zu konstruieren, den es aber gar nicht gibt. Jetzt kommt etwas sehr Wichtiges ins Spiel: Der Verstand. Ein Zusammenhang bedeutet erst einmal nichts, wird er aber verständlich, erfährt er einen Sinn. Den Fehler, Aspekte in einen vermeintlichen Sinnzusammenhang zu stellen, findet man sehr häufig in Ideologien und damit auch in Religionen. Zum Beispiel: Ein Mensch kann gut sein, wenn er nicht an einen Gott glaubt; ein Mensch kann schlecht sein, obwohl er an einen Gott glaubt. Interessanterweise, aber auch fatal ist ein Phänomen, dass Menschen in solchen Fällen Zusammenhänge konstruieren und für selbstverständlich halten, obwohl keine Zusammenhänge erkennbar sind. Der Verstand hat nun die Aufgabe zu entschlüsseln, ob es sich um einen Zusammenhang handelt oder um eine falsche Konstruktion. Der Verstand beginnt zu arbeiten, wenn die Frage: „Warum" in einem möglichen Zusammenhang gestellt wird. Um Schein-Zusammenhänge zu entlarven, ist es unabdingbar nötig, Belege oder Nachweise für einen Zusammenhang zu finden oder Beweise für eine Zusammenhanglosigkeit. Solche Belege haben die verbale Form von Argumenten. Argumente können also Behauptungen belegen oder widerlegen. Es wird zum Beispiel in vielen Medien ein Zusammenhang hergestellt zwischen dem Tragen einer Maske und der Gesundheit. Da hat zum Beispiel eine Krankenschwester ihre über sechs Stunden getragene Maske über Nacht in eine Nährlösung gelegt und am nächsten Morgen ein Mikroskop genommen und mit Entsetzen eine unzählbare Menge an unterschiedlichen gesundheitsschädlichen Bakterien entdeckt. Dagegen steht die Aussage eines bekannten Virologen, dass die Maske vor Viren schützen würde. Diese Behauptung steht bis heute im Raum und wurde bisher nicht durch angemessene Untersuchungen belegt. Merkwürdigerweise wurde vom Robert-Koch-Institut zu Beginn der Pandemie ausgeführt, dass die Maske nichts „bringe". Keine zwei Monate später wurde von demselben Institut das Gegenteil behauptet. In einer solchen Informationslage ist es dem Leser überlassen, weiter zu recherchieren, wenn er wissen will, wie der genaue Zusammenhang zwischen dem Tragen einer Maske und der Gesundheit aussieht. Achtung! Sie erinnern sich?

Warum ist eine Maske der Gesundheit abträglich? Oder: Warum ist eine Maske der Gesundheit nicht zuträglich? Wie sie unschwer erkennen können, geht es wieder um den Begriff „Zusammenhang" und der Frage nach Argumenten. Unmerklich sind wir nun vom Begriff des Zusammenhangs auf ebenso wichtige Begrifflichkeiten gestoßen: „Behauptung" und „Argument". Es ist absolut, also uneingeschränkt notwendig, diesen grundsätzlichen Unterschied zwischen Behauptung und Argument zu kennen und damit sofort zu erkennen, ob es sich nur um eine Behauptung handelt oder um ein Argument. „Das Corona-Virus ist ein lebensgefährliches Virus." Dieser Satz ist eine Behauptung, kein Argument. „Das Corona-Virus ist kein lebensgefährliches Virus." Auch dieser Satz ist eine Behauptung, kein Argument. Wenn jemand aber nicht die verschiedenen Belege und Argumente zu diesen Behauptungen gegeneinander abwägt, sondern sich für die eine oder andere Behauptung entscheidet, also sich unkritisch verhält und sich möglichen Argumenten verschließt, gleitet er in eine Art religiöser Haltung ab. „Gegner" wie „Befürworter" staatlicher Maßnahmen bezichtigen sich auf dieser oberflächlichen Ebene gegenseitig einer religiösen Verhaltensweise. Dabei ist es sehr wichtig zu bemerken, dass Religionen per se immer Menschengruppen von einander spalten. Die Art der Spaltung ist ein Wesensmerkmal von Religion. Diese Behauptung könnte ich umfassend historisch und aktuell begründen und belegen. Christen und Moslems bezeichnen sich gegenseitig als Ungläubige. Der Historiker Dr. Daniele Ganser vertritt die Ansicht, dass eine Spaltung zur Entmenschlichung führt mit der Auswirkung, dass dann Menschen nicht mehr als solche gesehen werden. Damit wird ihre Misshandlung scheinbar legimitiert. Deutsche Faschisten haben Juden von den „Ariern" abgespalten, abgewertet, entmenschlicht und brutal umgebracht. Was glauben Sie, fühlt ein Mensch, dem asoziales Verhalten unterstellt wird, nur weil er sich nicht impfen lassen will, auch wenn er seine Argumente vorlegt? Es ist nichts anderes als eine Spaltung und Abwertung eines Menschen mit einer anderen Meinung, wenn er einen grünen Impfpass vorzeigen soll, um eine Restaurant betreten zu können. Wenn Sie hier keine Zusammenhänge sehen, fragen Sie sich selbst: Warum? Aber geben Sie sich nur ehrliche Antworten. Haben Sie keine Angst vor sich selbst. Es geschieht Ihnen nichts. Einfach nur Behauptungen zu glauben, ist ein unkritisches Verhalten, kann zur Ausgrenzung von Menschen führen und Unrecht verursachen. Wenn Sie das nicht so sehen, fragen Sie sich, warum!

Wissenschaft

Im folgenden kleinen Kapitel betrachte ich den wesentlichen Zusammenhang zwischen Verstand, Sprache und Wissenschaft. Erschrecken Sie nicht. Es wird alles sehr verständlich dargestellt. Wir Bürger und Konsumenten täglicher Nachrichten aus Funk und Fernsehen gebrauchen unseren Verstand. Journalisten und Politiker verwenden zur Übermittlung ihrer Informationen unsere Sprache. Zudem verweisen sie immer wieder auf die Wissenschaft. Eigentlich ist es selbstverständlich, dass Menschen zu Gesprächen bereit sind. Es setzt aber voraus, dass Menschen auch gewillt sind, sich mit neuen Inhalten auseinanderzusetzen, um sie zu verstehen. In diesem Zusammenhang macht es Sinn, sich an die Worte des Philosophie-Professors Hans-Georg Gadamer, der 2002 mit 102 Jahren verstarb, zu erinnern. (16) Er hatte sinngemäß geschrieben, dass Gesprächspartner immer davon ausgehen sollten, dass der Andere auch Recht haben könnte. Wer diesen Anspruch Gadamers beherzigt, hat die außergewöhnliche Chance, neue Erkenntnisse zu gewinnen. Denn: Nur im Gespräch, so Gadamer, wenn sich Menschen gegenseitig in die Augen schauen, können Erkenntnisse entstehen. Wenn man grundsätzlich davon ausgeht, dass der Andere auch Recht haben könnte, ist diese Art des Miteinander-Umgehens nicht nur erkenntnis-fördernd sondern auch friedenstiftend. Wenn Regierungen unter einander oder mit ihrem Volk diesem eigentlich einfachen Prinzip folgen würden, gäbe es keine Kriege. Diese Ergebnisse aus direkten Gesprächen sind Erkenntnisse, die nicht nur neues Wissen schaffen, sondern auch Wahrheiten sichtbar machen können. Jetzt ist es nur noch ein kleiner Sprung zu dem Begriff „Wissenschaft" an sich. Denn nicht nur aufgeschlossene Bürger können über Gespräche zu Erkenntnissen gelangen sondern auch und gerade Wissenschaftler. Wenn sich zum Beispiel Physiker, Biologen, Mediziner, Juristen und Wirtschaftswissenschaftler zusammen setzen und diskutieren, gelangen auch sie zu neuen Erkenntnissen, nur mit einem gewaltigen Unterschied: Wissenschaftler gehen immer davon aus, dass ihre Erkenntnisse, mögen sie noch so neu oder bewiesen sein, nur einen momentanen Blick freigeben. Wissenschaftliche Erkenntnisse sind und bleiben stets nur Hypothesen, Annahmen. Wissenschaftliche Erkenntnisse stellen prinzipiell immer nur eine Stufe in einer Entwicklung dar und können daher nie endgültig oder gar unumstößlich sein. Nicht von ungefähr haben alle Nobelpreisträger aus allen Ländern und Fachgebieten eins gemeinsam: Sie sind alle auffallend bescheiden. Eine wissenschaftliche Bewertung geht immer davon aus, dass man es auch anders sehen könnte. Das erinnert uns stark an die Worte von Gadamer. In der Öffentlichkeit besteht ein vollkommenes Missverständnis, was eigentlich Wissenschaft ist. Wissenschaft wird dadurch modern, wenn sie bereit ist, auf Wahrheit zu verzichten. Bewertungen wissenschaftlicher Hypothesen bleiben der Öffentlichkeit, den Bürger, der Politik oder den Journalisten vorbehalten. Journalisten und Politiker berufen sich aber gerne und öffentlich auf die Wissenschaft. Sie postulieren einen vermeintlichen Wahrheitsgehalt, den jeder authentische Wissenschaftler aus seinem wissenschaftlichen Anspruch und seiner Ethik ablehnen muss. Wer mit vorläufigen Erkenntnissen scheinbar argumentiert und sich auf die Wissenschaft beruft, kann nur manipulieren wollen - warum auch immer. Wenn jemand behauptet, dass eine Mehrheit von Wissenschaftlern etwas Bestimmtes meint, hat entweder den Begriff „Wissenschaft" nicht verstanden oder glaubt, dass Wissenschaftler darüber abstimmen, was eine jeweilige Erkenntnis ist. Wissenschaftler stimmen nicht ab, sie sprechen miteinander, denn sie wissen, dass Andere auch Recht haben könnten. Ende 2020 und Anfang 2021 hat jeweils ein Professor aus der Deutschen Akademie der Naturforscher Leopoldina (17) aus Protest diese Akademie verlassen. Übrigens: der Ehemann von Frau Merkel ist Mitglied der Leopoldina. Diese beiden Wissenschaftler sahen u.a. die Wissenschaft in ihrem Ansehen als gefährdet an, wenn diese unabhängige Akademie regierungskonform Empfehlungen ausspricht, die der wissenschaftlichen Idee an sich widersprechen. Das hört sich kompliziert an, ist aber genau das, was wir vorher gesagt haben: Wissenschaft befindet sich immer in einem Prozess, weil jede neue Erkenntnis nur bis zur nächsten neuen Erkenntnis gültig ist. Aber, so werden Sie vielleicht einwenden, beruft sich die deutsche Regierung auf das Robert-Koch-Institut. Das ist zwar richtig, aber das Robert-Koch-Institut ist eine Bundesbehörde wie z.B. das Finanzamt und eben keine unabhängige wissenschaftliche Akademie.(18) Regierungen sind leider immer geneigt, Wissenschaftler „vor ihren Karren zu spannen". Das kann mit ein Grund dafür sein, das das Ansehen von Wissenschaftlern in der Bevölkerung leidet. Gerade in demokratischen Gesellschaften sollte die Wissenschaft unabhängig sein und bleiben, unabhängig von einer jeweiligen Regierung, aber auch von der Wirtschaft. „Zusammenhänge" sind also nicht nur irgendwelche Beziehungen, sondern können auch Abhängigkeiten bezeichnen. Darum muss ein Konsument von Medien immer nachfassen und fragen, um welche Art von Zusammenhang es sich handelt.

Freiheit

Im diesem Kapitel geht es um die großen Zusammenhänge. Im Zentrum all dieser Zusammenhänge steht der Mensch. Wenn sich das Leben eines Menschen dem Ende neigt, so ruhen neben seiner Kindheit und Jugend auch sein Erwachsensein und sein aktuelles Alter mit allen Erlebnissen und Erfahrungen in ihm. Bis zur Pubertät stellen die Eltern die höchste Autorität dar. Parallel erfährt das Kind weitere Autoritäten wie Lehrer, Stars aller Couleur und Religionen. Die Eigenständigkeit erwacht, die Selbstbestimmung nimmt zu und der junge Mensch schüttelt mehr oder weniger all diese Autoritäten ab. Er wird erwachsen. So weit so gut. Aber all diese Autoritäten bleiben, sie wirken weiter und bleiben auch mehr oder weniger sichtbar. Aus einigen Autoritäten werden Obrigkeiten wie Schulen, Lehrstellen, Polizei, Regierungen usw. Diese Institutionen greifen über ihre Symbole, ihre Sprache und Verbote permanent in diese jungen Gehirne hinein und beeinflussen die Entwicklung von jungen Menschen. Kein Mensch kann sich diesen Einflüssen entziehen. Die Bandbreite individueller Reaktionen und Entwicklungen reicht von einer unhinterfragten Autoritäts-und Obrigkeitshörigkeit bis zur desolaten Obdachlosigkeit. Herkunft, Bildung, Vermögen usw. sind allzu bekannte Ursachen und Begleitumstände, die junge Menschen zu kritischen oder willfährigen Konsumenten werden lassen. Die Jahre 2020 und 2021 offenbaren allerdings in nie gekannter Form menschliche Verhaltensstrukturen. Im Alltag erleben wir auffallend viele Menschen, die unkritisch bis obrigkeitshörig sind. Ihr Verhalten trägt Gemeinsamkeiten wie Misstrauen, Angst, Distanzierung bis hin zur Aggressivität. Wir erleben eine unübersehbare Spaltung bei den Menschen. Hinter allen Varianten dieses Verhaltens liegt die Vermutung nahe, dass sich in vielen Menschen eine tiefe Angst verbirgt. Wie wir bereits wissen, ist sie entstanden aus einer natürlichen Angst-Bereitschaft, aus Traumatisierungen oder einer Angst vor nicht überwundenen autoritären Strukturen. Eine kaum wahrgenommene Autorität, die grundsätzlich mit Hilfe von Angst Menschen bedrückt, ist und bleibt die Religion. Jede Religion spaltet nicht nur ihre eigene Glaubensgemeinschaft von anderen Menschen ab, sondern schürt unablässig Angst, die diese Menschen aber nicht der Religion zuordnen. Sie glauben, dass es ihre eigene Schuld sei. Es ist ein Phänomen, dass Religionen das Täter-Opfer-Verhältnis verdrehen. Denken Sie über diesen Zusammenhang nach. Diese Erkenntnis führt Sie auf den Weg zu mehr Freiheit. Wir müssen von Glaubenden zu Wissenden werden. Wir beobachten also in der Gesellschaft eine allgemeine Spaltung von Menschen, die der Spaltung durch Religionen sehr ähnelt. Erinnern wir uns doch nur mal an den Artikel 1 des Grundgesetzes: „Die Würde des Menschen ist unantastbar." Es gibt Vertreter der angstmachenden Religionen, die sich sogar „Würdenträger" nennen, die ohne Nennung von Argumenten die Regierungsmaßnahmen befürworten. Ob in Klassenzimmern von staatlichen Schulen und andere Einrichtungen hängen überall Kreuze. Fährt man mit dem Auto auf eine Stadt zu, sieht man zuerst die Kirchtürme. Man kann durch keine Stadt über mehrere Stunden spazieren gehen, ohne gezwungen zu werden, Kirchenglocken zu hören. Da heißen Modegeschäfte „Eva-Moden" oder Apotheken „Engels-Apotheke" und Blumen „Christ-Rosen". Weihnachten, Ostern, Pfingsten, Allerheiligen, Advent usw. Es gibt nur einen einzigen nicht religiösen Feiertag in Deutschland. Wann werden wir nicht mit diesen Symbolen einer angstverbreitenden Obrigkeit konfrontiert. Ganz zu schweigen von den Kirchensteuern, Besoldungen von Kirchenvertretern in Schulen, Universitäten und Krankenhäusern. In jedem Gremium öffentlich-rechtlicher Medienanstalten sitzen Vertreter von Religionen. Auch hier geht es wieder darum, Zusammenhänge aufzudecken, zum Beispiel zwischen Angst, Religion, Autoritätshörigkeit und Spaltung. Nicht von ungefähr ähneln sich die Strukturen von religiösem Verhalten und Verhalten von Menschen, die die Regierungsmaßnahmen unhinterfragt übernehmen, obwohl sie ihre wirtschaftliche Existenz und eigene Gesundheit gefährden. Leider ist es mittlerweile mehr als offensichtlich, dass viele Maßnahmen der Regierung zu einem größeren Schaden führten und führen als das real vorhandene Corona-Virus hätte anrichten können. Erkennen auch Sie diese Zusammenhänge? Der Bürger ist nicht zu dumm, um nicht diese Auswirkungen zu sehen, sogar selbst zu erleben. Das Volk erscheint mir näher an der Realität zu sein als die Regierung. Auch gut situierte Akademiker, Beamte und Angestellte sind erheblich weniger von den Maßnahmen der Regierung betroffen als der Durchschnitt. Tausende Menschen verlieren ihre Jobs, die

Selbstmordrate hat sich im letzten Jahr verdoppelt, die Frauenhäuser platzen aus allen Nähten, die Stimmung in der Bevölkerung wird zunehmend aggressiv. Es herrscht Angst, eine Angst, die schleichend wie die Inflation über Jahrhunderte aufgebaut und gefestigt wurde. Es fällt auf, dass viele in ihrer Angst nicht mehr zwischen Gefahr und Risiko unterscheiden können. Es ist bezeichnend, dass sogar das Finanzsystem sich den angstmachenden Symbolen der Religionen bedient: Man spricht bei sachlich vereinbarten gegenseitigen Verpflichtungen von „Gläubigern" und „Schuldnern". Selbst Parteien bedienen sich religiöser Begrifflichkeiten: Die Christliche Deutsche Union. Dabei ist kaum jemandem bewusst, dass kein Satz aus dem Alten oder Neuen Testament Eingang in das Grundgesetz der Bundesrepublik gefunden hat. Genau das Gegenteil ist geschichtlich dokumentiert. Alle demokratischen Rechte und auch die Religions- und Meinungsfreiheit wurden gegen den Widerstand der Kirchen in unserem Grundgesetz festgeschrieben. Die zweitweise Abschaffung unserer grundgesetzlich verbrieften Freiheitsrechte durch eine christliche Regierungspartei ist so gesehen gar kein Widerspruch. Das Christentum ist - genau betrachtet - verfassungswidrig. Bemerkenswert ist zudem in diesem Zusammenhang, dass die offiziellen Stellen der herrschenden Kirchen sich auffallend zurückhalten und zu den aktuellen Lebenssituationen der Menschen scheinbar keine Meinung haben. Ende Februar 2021 wurde vom Vatikan verlautbart, all diejenigen Kirchenbedienstete entlassen zu wollen, die sich einer Impfung verweigern. Dies wirft ein bezeichnendes Licht auf den Zusammenhang zwischen Kirche und Staat. Es scheint Zusammenhänge zwischen Angst, Obrigkeitshörigkeit und Spaltung zu geben. Suchen und hinterfragen Sie die Zusammenhänge, gerade die, die Ihnen in den Medien vorenthalten werden und denken Sie immer an die Aussage des Professors Hans-Georg Gadamer: Der Andere könnte auch Recht haben! Es geht schon lange nicht mehr darum, Lockerungen herbeizusehnen, sondern um die Rückgabe unserer Grund- und Freiheitsrechte.

Aussicht

Es soll Kreise von Menschen geben, die mit menschenunwürdigen Methoden versucht haben sollen oder auch noch weiter versuchen, eine zentrale Weltregierung zu errichten. Wenn es sie gibt, sind sie gescheitert. Warum? Anstelle einer alles und alle kontrollierenden Weltzentrale fangen immer mehr Menschen weltweit an, darüber nachzudenken, wie ihnen geschieht. Immer mehr Menschen werden aufmerksam und skeptisch. Immer mehr Menschen fangen an zu fragen und suchen Argumente hinter den offiziellen Behauptungen. Zusammenhänge, Behauptungen, Argumente – Sie erinnern sich? Wir alle sind Zeugen einer Epoche, wie sie die Menschheit bisher nicht erlebt hat. Die angeordneten Maßnahmen verkehren sich mittlerweile ins Irrsinnige und Absurde bis hin ins Lächerliche. An den Rheinwiesen in Düsseldorf darf man nach offiziellen Anordnungen der Stadtverwaltung nicht stehen bleiben, sondern muss laufen. Man nennt das offiziell „Verweilverbot". Das ist kein

Scherz! Theoretisch kann man von einer Polizeistreife nicht angehalten werden. Irrsinn! „Halt, stehen bleiben. Ach geht ja nicht. Ist doch verboten!" Der Irrsinn wird zur Normalität. Afrikaner, Europäer, Griechen, Franzosen, Spanier, Schweden, Russen, Inder, Chinesen, Australier, Japaner, Amerikaner, Kubaner, Kanadier usw. werden sich niemals von einer einzigen Stelle der Welt regieren lassen, die zudem noch nicht einmal von ihnen in irgendeiner Form demokratisch gewählt ist. Die Mentalitäten sind und bleiben unterschiedlich. Überall leben erwachsene Menschen, die sich selbst verwalten können und wollen. Die kulturellen Unterschiede und Eigenheiten machen auch den Reiz eines jeden Landes aus. Alle Völker haben ihre eigene Identität, ihr eigenes Lebensgefühl usw. Aber das vom Volk als Souverän abgekoppelte Parteiensystem in den westlichen Staaten schein versagt zu haben. Die Menschen wollen nicht mehr über sich bestimmen lassen, sie wollen selbst bestimmen. Ganz im Sinne unseres Grundgesetzes: Die Würde des Menschen ist unantastbar. Die Menschen dieser Welt sind nicht dumm und lassen sich auch nicht für dumm verkaufen. Noch schweigt die Mehrheit - aber wie lange noch? In Deutschland rollt eine Lawine (nicht nur eine Welle) mit Klagen wegen der gesetzlichen Maßnahmen auf die Gerichte zu. Immer mehr Menschen informieren sich umfassend, suchen nach Zusammenhängen und finden Abhängigkeiten Es werden gezielt Fragen gestellt. Die Regierenden haben aber einen wesentlichen Umstand noch nicht begriffen: Die Masse der Menschen ist eine Macht. Menschen sind weltweit vernetzt und kommunizieren immer mehr auf unkontrollierbaren Wegen des Internets. Die Masse der Menschen sind Erwachsene, die Verantwortung tragen, nicht nur für sich sondern auch für ihre Familien und für viele andere Menschen in ihren Firmen. Sie alle lassen sich nicht auf Dauer hinters Licht führen. Sie werden für ihre Freiheit eintreten. Diese verantwortungsvollen Menschen wollen und werden selbstbestimmt handeln und in ihrem eigenen Lebensumfeld für Ausgleich und Gerechtigkeit sorgen. Diese Menschen werden vor Ort demokratische Strukturen schaffen. Sie werden sich ihre Rechte wieder erkämpfen. Ihr Wille zur Eigenverantwortung und Selbstbestimmung - ganz im Sinne unseres Grundgesetzes - werden neue Strukturen des Zusammenlebens schaffen. Es ist eine neue Zeit der Aufklärung angebrochen, die keine Regierung der Welt aufhalten kann. Die Rufe nach Volksabstimmungen, kontrollierbarer Einflussnahme in politische Gesetzgebungen werden immer lauter. Eine direkte Demokratie kann für Frieden sorgen und ein Leben in Freiheit gewährleisten. Der Welt wurde in eine Krise getrieben, die Zusammenhänge offengelegt hat, die man über Jahrzehnte verschleiert hat. Die Menschheit wird diese Krise nutzen, sich zu befreien, auch wenn man noch nicht weiß, wie lange es dauern wird. Die Freiheit bleibt das höchste Gut der Menschen. Die ersten Schritte auf dem Weg zur Selbstbestimmung liegen in der Eigenverantwortung, im eigenständigen Denken, im Erkennen von Zusammenhängen und im unaufhörlichen Gespräch miteinander - zu Hause, im Viertel, in der ganzen Welt. Wer miteinander spricht, verhindert Spaltung. Daran wird weder eine Maske noch ein Versammlungsverbot etwas ändern. Auch solche Zusammenhänge werden wahrgenommen.

Stellen Sie Fragen!

Sprechen Sie miteinander und denken Sie daran: Der Andere könnte auch Recht haben.

Nachweise und Hinweise

1. https://www.t-online.de/gesundheit/krankheiten-symptome/id_89437580/studie-zeigt-anti-lockdown-demos-trugen-zur-virus-verbreitung-bei.html
2. www.aerzteblatt.de/nachrichten/121000
3.www.leibniz-gemeinschaft.de/institute/leibniz-institute...
4.https://de.wikipedia.org/wiki/Zentrum_f%C3%BCr_Europ%C3%A4ische_Wirtschaftsforschung
5. www.leibniz-gemeinschaft.de
6. Giovanni Pico Della Mirandola, Über die Würde des Menschen (eBook, PDF) Redaktion: Buck, August / Übersetzer: Baumgarten, Norbert
7. Daniele Ganser: Imperium USA: Die skrupellose Weltmacht, April 2020 und
Aus: https://www.rubikon.news/artikel/fur-die-menschheitsfamilie 2019 Friedensforscher - Dr. Daniele Ganser
8. Vatican News: Päpstliche Hochschule bietet wieder Exorzismus – Kurse an, April 2018
9. Zitat aus: Confession Augustana von Wolfgang Fenske. CA Heft 1/2011.
10. Die Bibel, Deutsche Buchgesellschaft, Lutherbibel in der Fassung von 1984, Matthäus 28, Vers 19
11. Dieter Reinecker (Autor): Und Eva sagte, Biblische Geschichten für Erwachsene (Mose 1-5)
12. Karl-Heinz Deschner, Kriminalgeschichte des Christentums, Rowohlt Verlag 2014
13. Fritz Riemann: Grundformen der Angst, Ernst Reinhardt Verlag, 2009

14. Prof. Franz Ruppert: Wer bin ich in einer trauma-
tisierten Gesellschaft? Klett-Cotta Verlag, 2019
15. Prof. Norbert Bolz: Die Avantgarde der Angst,
Metthes & Seitz Berlin Verlag, 2020
16. Hans-Georg Gadamer (* 11. 02. 1900 in Marburg;
† 13. März 2002 in Heidelberg) war ein dt. Philosoph.
International bekannt wurde er durch sein für die
philosophische Hermeneutik, grundlegendes
Werk: *Wahrheit und Methode* (1960).
17. Deutsche Akademie der Naturforscher Leopoldina
e.V. - Nationale Akademie der Wissenschaften – Jä-
gerberg 1 in 06108 Halle (Saale)
18. RKI - Institut - Das Robert Koch-Institut.
www.rki.de/DE/Content/Institut/institut_inhalt.html.
Das Robert Koch-Institut (RKI) ist ein Bundesinstitut
im Geschäftsbereich des Bundesministeriums für Gesundheit.

Alternative Quellen und Hinweise

- Kaiser TV: Die Pandemie der Angst, Norbert Bolz im Gespräch: youtube.com/watch?v=B85u05fQUeo
- Nuoviso TV: Der globaldigitale Totalstaat: https://m.youtube.com/watch?v=0ZvC0YK8GOQ
- Schrang TV: Merkel sagt: Jeder muss jetzt geimpft werden! https://m.youtube.com/watch?v=AmJdAGK5pb4
- MMnews TV: Niklas Lotz: Ich will mein Leben zurück. https://m.youtube.com/watch?v=ICRfilSO2WE
- Plattform Respekt: Sucharit Bhakdis neues Buch: https://m.youtube.com/watch?v=ICRfilSO2WE
- Weitere Infos: Telegram APP aufs Smartphone herunterladen und Suchbegriffe in die Suchfunktion schreiben, z.B.: KenFM TV

Weitere Bücher von Dieter Reinecker:

- Wie ich die Dialyse fünf Jahre hinauszögerte!
- Und Eva sagte. Biblische Geschichten für Erwachsene (Mose 1-5)
- „Kompanie: Die Augen links". Vom Rekruten zum Revolutionär. Autobiografischer Roman
- Rückkehr in die Ewigkeit. Roman

Bücher von Beate Reinecker/Philosophie:

- Dein Lebenstisch
- Zurück zur Menschlichkeit
- Über die Destruktivität - für den Frieden
- Lass dich nicht verbiegen!
  Lass dich nicht brechen!
- Lügen, Irrwege und Scheinwelten
- Leuchte durch dein Leben. Band 1
- Leuchte durch dein Leben. Band 2
- Freude und Erkenntnis
- Lebe deine Kunst. (Katalog 1)
- Lass dich dir nicht wegnehmen. (Katalog 2)

Siehe auch: www.beate-reinecker.de